Finde deinen
INNEREN
MÖNCH

Tim Schlenzig

Finde deinen INNEREN MÖNCH

12 Wege zu mehr Gelassenheit

Dudenverlag
Berlin

INHALT

Vorwort

Irgendetwas war faul. Ich fühlte mich wie in einem falschen Leben in meinem ersten Job: Unternehmensberater. Ein Fisch auf einem Baum, eine Amsel im Anzug. Blackberry, Excel-Tabellen, Meetings, 1000 To-dos, null Sinn, nach der Arbeit ausgequetscht in vollgequetschten U-Bahnen, schlechter Schlaf, Panikattacken. Wo war ich nur gelandet?

Genau dort, wo ich hinwollte, als ich an einer renommierten Uni geschuftet hatte für Top-Noten im BWL-Studium. Für die anschließende Karriere, von der ich so geträumt hatte.

Keine Ahnung, wo das geendet hätte, wo ich geendet wäre. Wäre da nicht diese innere Stimme gewesen, die lauter wurde an jedem einzelnen Morgen, an dem ich mich ins Büro quälte. »Das ist einfach nicht der richtige Platz für dich«, sagte sie – sagte er, den ich den inneren Mönch nenne. Der weiser ist als die hektischen, getriebenen Gedanken im Kopf. Den jeder von uns in sich trägt. Und auf den wir vielleicht ein bisschen häufiger hören könnten, wenn wir uns nach mehr Gelassenheit sehnen und nach einem Leben, das wirklich zu uns passt und uns erfüllt.

Für mich hieß das: Kündigung statt Karriere, Kühlschrank leer statt Kohle und Konsum. Ich begann zu schreiben. Erst nur für mich selbst, dann auch für andere und inzwischen für viele Hunderttausend Leser im Monat. Seit einigen Jahren lebe ich nun ohne Chef und fast ohne Termine von dieser Seite, die myMONK heißt – »mein Mönch«.

Klar, es ist ein großes Glück, dass ich heute gut schlafe, gern aufstehe und mich auf den Tag freue, trotz aller (Selbst-)Zweifel und Unwägbarkeiten. Aber für einen Zufall halte ich es nicht ... ich bin dieser Stimme gefolgt und sie hatte recht. Was sagt sie dir?

Dieses Buch ist zugleich Destillat und Remix des Blogs, ergänzt um Übungen und Zitate. Es zeigt dir, wie du deinen inneren Mönch finden kannst.

Von Herzen danke, dass du es in den Händen hältst! Nun wünsche ich dir viel Freude beim Lesen und auf deinem weiteren Weg.

Tim Schlenzig

DEIN LEBEN,
DEIN TRAUM
ein Weckruf

Dein Leben ist zu kurz für ungelebte Träume

E in Räuber springt abends aus einem Gebüsch und fängt einen Mann ab, hält ihm eine Knarre an den Kopf und sagt: »Geld oder Leben!« Der Mann erwidert: »Bitte nehmen Sie mein Leben. Das Geld brauch ich noch für die Rente.« Klingt vielleicht absurd. Und doch: Wie viele von uns machen es wie dieser Mann? Opfern ihr Leben für Geld und Sicherheit und trösten sich mit der Vision vom genussvollen Ruhestand? Verschieben ihre Träume auf »eines Tages«?

So wie Anna. Die schon so lange vom eigenen kleinen Biobauernhof auf der Alm träumt, aber ihren hohen Lebensstandard nicht aufgeben möchte und deshalb weiter für einen Energiekonzern als Marketing-Irgendwas arbeitet, obwohl dessen fragwürdige Geschäftspraktiken ihr immer häufiger den Schlaf rauben.

So wie Heinz. Der knapp fünf Jahrzehnte geschuftet hat und nun statt Urlaub Chemo machen muss.

Krebs statt Karibik. Keiner kann sagen, wie es ausgeht oder wann.

Oder Sabine. Der Karriere wichtiger ist als Familie, Freunde, Hobbys. Die dem Job alles opfert, das Wachstum ihrer Firma wichtiger findet als ihr eigenes – und die womöglich irgendwann zurückblickt auf eine große schwarze Null in der Bilanz ihres Lebens.

»Das Leben ist zu kurz für ungelebte Träume« – das wissen wir in der Theorie vielleicht sogar, wir hängen es uns als Sprüchlein übers Bett oder lassen uns Bon Jovis »It's my life« in die Haut tätowieren (aber natürlich nur auf den Unterarm, damit man notfalls die Hemdsärmel drüberkrempeln kann). Aber wie sieht es in der Praxis aus? Erinnern wir uns überhaupt noch an unsere Träume? Oder haben wir sie längst begraben unter tonnenweise Alltag und Verpflichtungen?

Stell dir vor, ...

... dein achtjähriges Ich stünde dir heute gegenüber. Was würde es von dir denken?

Früher, mit acht, da hast du getanzt. Hast keinen Schritt gemacht, ohne eine Pirouette zu drehen. Hast dich gedreht, bist gesprungen. Es war dir egal, ob dir jemand dabei zusah und was derjenige dachte. Du hast es nur für dich getan. Erinnerst du dich an das Gefühl? Die Sprünge? Die Drehungen? Die irre Freude, die du dabei empfunden hast?

Viele von uns verlieren im Laufe ihres Lebens den Kontakt zu den Dingen, die ihnen als Kindern den größten Spaß gemacht haben. Würde unser achtjähriges Ich uns heute treffen, könnte es unsere »erwachsenen« Gründe dafür kaum verstehen.

Die Dinge, die wir damals geliebt haben, lieben wir wahrscheinlich immer noch. Wenn auch in angepasster Form. Kann gut sein, dass du jetzt nicht mehr auf der Straße Pirouetten drehen willst, dich aber noch immer – oder mehr denn je – nach musikalischem, kreativem Ausdruck sehnst.

Warum tun wirs nicht einfach?

Es gibt viele Gründe, die uns davon abhalten können, unseren Traum zu leben (oder ihn überhaupt anzupacken). Die Angst vorm Scheitern. Die Meinung der anderen. Ein Traum, der zu albern, zu klein, zu groß, zu anstrengend oder mit zu viel Zeit oder Kostenaufwand verbunden scheint. Lieber gehen wir einen Weg, der eigentlich gar nichts mit uns und unseren Wünschen zu tun hat. Wir machen jahrelange Ausbildungen, studieren auf Bachelor, Master und auf Teufel komm raus. Wir zwängen uns in Lebensläufe, die sich irgendein anderer für uns ausgedacht hat, zwängen uns in die engsten Jacken aus Praktika, Top-Noten, Auslandssemestern, berufsbegleitenden Seminaren. In Zwangsjacken also. Die Arme eng an den Körper gepresst, sodass wir keinen anderen mehr umarmen können. Die Augen zu kleinen Schlitzen verengt, die weder einen Sonnenaufgang sehen noch das Lächeln eines Fremden noch die Schwäne im Park im See, die sich putzen und ruhig, lebendig und unbefangen nebeneinanderher treiben. Denn das, so reden wir uns ein, können wir ja auch alles noch später machen, eines Tages, wenn wir in Rente sind.

Oder wir beginnen heute

Wenn ich eines Tages im Krankenhaus liege und die letzten Atemzüge meines Lebens tue, dann möchte ich mir sagen dürfen: Ich bin losgegangen. Habe mich losgemacht von den vielen fremden Vorgaben, die man mir bewusst oder unbewusst, gut- oder böswillig gemacht hat. Habe mich den Erwartungen anderer widersetzt, mir einen Anzug anzuziehen, mich in ein Flugzeug, in ein Hotel, in eine Senior-Position zu setzen, ein Roboterdasein mit einem saftigen Gehaltszettel und einem ausgetrockneten Herzen zu führen. Nein, ich bin losgegangen, auch wenn der Weg vielleicht länger gewesen ist, als meine Beine mich tragen wollten.

Geh mit!

Mach den ersten Schritt. Male den ersten Pinselstrich. Tippe den ersten Satz des Buches, das du schon immer schreiben wolltest. Melde dein achtjähriges Ich beim Salsa-Rumba-Cha-Cha-Cha-Kurs für Fortgeschrittene an. Gründe endlich dein eigenes Unternehmen. Tu es jetzt, fang heute damit an. Es ist gar nicht so wichtig, wie weit du kommst – Hauptsache, du beginnst. Das Leben spielt jetzt, nicht »eines Tages«.

3 FRAGEN, ...
... UM DICH AN DEINEN TRAUM ZU ERINNERN

1. Was hat als dir Kind am meisten Freude bereitet?

....
....
....
....

2. Was würdest du tun, wenn du wüsstest,
   du könntest nicht scheitern?

   ....
   ....
   ....
   ....

3. Was würdest du gern im nächsten Leben tun?

   ....
   ....
   ....
   ....

... UND WARUM TUST DU ES NICHT SCHON HEUTE?

Es gibt ein Leben, das dein Herz schon jetzt springen lässt, dir Freude macht, dich erfüllt. Nicht erst irgendwann und womöglich nie.

NUTZE DIE TALENTE, DIE DU HAST. DIE WÄLDER WÄREN SEHR STILL, WENN NUR DIE BEGABTESTEN VÖGEL SÄNGEN.

Henry van Dyke

Der Mensch bringt sogar die Wüsten zum Blühen. Die einzige Wüste, die ihm noch Widerstand leistet, befindet sich in seinem Kopf.

Ephraim Kishon

ES STEHT NICHT
IN MOSES' GESETZEN,
DASS ALTE FRAUEN
NICHT AUF BÄUME
KLETTERN DÜRFEN.

Astrid Lindgren

Meine Lieblingszitate
zu Lebensträumen

 ...

SEI DU
SELBST *die*
Veränderung

Warum es sich lohnt, endlich den ersten Schritt zu tun

Es ist nicht leicht, etwas zu verändern. Ein Teil unseres Gehirns hasst Veränderungen. Könnte ja anstrengend werden. Könnte schiefgehen. Die Zweifel. Die Ängste. Die Frage: Wie, wann und womit soll ich überhaupt beginnen? Lieber machen wir es uns bequem auf einem kuscheligen Kissen in unserer Komfortzone und denken: »Ach, was solls, sooo schlecht geht es mir ja nun auch wieder nicht.« Wir belügen uns selbst und erzählen unseren Enkeln eines Tages Geschichten, die wir *hätten* erleben können. Hätten wir ihn nur einfach mal getan, den ersten Schritt. Denn damit beginnt Veränderung. Nicht mit einem Marathon, der dich komplett fertigmacht. Seitenstechen, Herzrasen, Muskelkater, Luft raus für lange, lange Zeit. Veränderung ist mehr wie Laufenlernen. Ein kleiner Schritt nach dem anderen.

Wie in dieser Zen-Geschichte: Ein Mönch kam zu Meister Joshu und sagte: »Ich bin gerade dem Kloster beigetreten. Bitte unterrichte mich, wie ich die Erleuchtung finde.« Joshu fragte: »Hast du deinen Reisbrei gegessen?« Der Mönch sagte: »Ja, habe ich.« Daraufhin antwortete Joshu: »Na, dann solltest du jetzt deinen Teller abwaschen.« Da hatte der Mönch das Prinzip verstanden: ein Schritt nach dem anderen. Und zwar so klein und scheinbar unbedeutend, dass er ihn mit Leichtigkeit gehen konnte. Im Hier und Jetzt.

Das gilt auch für uns. Halten wir unsere Schritte möglichst klein. So klein, dass sämtliche Ausreden, Ängste und Zweifel lächerlich werden. »Einen Teller abwaschen? Puuh ... das hat doch bestimmt noch nie einer vor mir geschafft!« »Vom Einmeterbrett springen? Ich bin doch nicht Superman!«

Wir müssen nicht gleich unseren Job kündigen, die Familie verlassen oder auf eine Südseeinsel auswandern und uns tanzend nur noch von Kokosmilch ernähren, um ein neues Leben zu beginnen. Meist reichen schon minimale Veränderungen in unseren Gewohnheiten, um uns langfristig auf die richtige Spur zu bringen, hin zu unserem Traum.

Die Macht der Gewohnheit

Wir denken gern, wir seien frei in unseren Entscheidungen. Doch in Wirklichkeit sind wir oft Sklaven unserer Gewohnheiten, leben in den Palästen oder verfallenen Ruinen, die sie errichtet haben. Wir denken, fühlen und tun heute nahezu dasselbe wie gestern. Und was wir Tag für Tag aus Gewohnheit denken, fühlen und tun, macht uns gesund oder krank, erfüllt oder leer, kraftvoll oder kraftlos, einsam oder verbunden, lässt uns erfolgreich werden oder immer wieder scheitern.

Wenn du lernst, die Macht der Gewohnheit für dich zu nutzen, kannst du deine Träume leichter verwirklichen. Egal, ob du zehn Kilo abnehmen oder endlich deinen Werwolf-liebt-Elfe-Fantasy-Roman inklusive erotischem Feuerwerk schreiben willst.

Es gibt zwei Regeln für neue Gewohnheiten

Die erste lautet: **Beginne heute.**

Aus dem einfachen Grund, dass es morgen nicht leichter sein wird. Und außerdem hätten wir bloß noch mehr Zeit, um uns Ausreden einfallen zu lassen. »Leider sieht es heute nach Regen aus (bestimmt saurer Regen oder eine radioaktive Wolke aus Fukushima!), verschieben wir das Joggen lieber auf morgen.« Du und ich, wir wissen beide, dass es auch morgen wieder schwer nach Regen aussehen wird. Zumindest werden wir uns das einreden, weil es bequemer scheint.

Die zweite Grundregel: **Weiche nicht ab.**

Es dauert ungefähr vier Wochen, bis sich eine neue Gewohnheit gebildet hat – vorausgesetzt, wir üben sie täglich.

So schaffst du es, durchzuhalten

Setz dir klare Ziele: Was willst du mit deiner neuen Gewohnheit erreichen? Je klarer du dir über dein Ziel bist, desto größer wird deine Motivation sein, dein Treibstoff.

Nicht alles auf einmal: Manchmal nehmen wir uns einfach viel zu viel auf einmal vor. Damit ist das Misslingen vorprogrammiert. Wer gleichzeitig Nichtraucher, Ausdauersportler und Schriftsteller werden will, tut sich keinen Gefallen. Größere Chancen auf Erfolg haben wir, wenn wir uns auf eine Sache konzentrieren. Und aus deren Gelingen Mut für die nächste Herausforderung schöpfen.

Such dir Unterstützung: Schau dich nach Vorbildern um, die bereits erreicht haben, was du dir vorgenommen hast – bitte sie um Hilfe, lies ihre Bücher oder guck dir ihre Videos an. Du kannst dich zum Joggen mit einer Freundin verabreden oder dir eine Gruppe von Joggern in deiner Stadt suchen. Du kannst Teil eines Stammtischs oder einer Selbsthilfegruppe werden. Egal, wofür du dich entscheidest: Gemeinsam ist es leichter.

Wachstumsschmerzen sind normal

Ja, Veränderungen tun manchmal weh. Sind unbequem, fordern uns, verlangen neben der richtigen Strategie auch Disziplin. Na und? Niemand hat gesagt, dass es immer leicht sein würde, das Leben (das echte Leben, kein Stillleben). Und letztlich hast du immer die Wahl: Du kannst alles beim Alten belassen oder losziehen in ein neues Abenteuer. Du kannst bleiben, wie du bist, oder eine neue, mutigere Version von dir selbst werden. Du bist die Veränderung.

IN 3 SCHRITTEN ...
... ZU EINER NEUEN GEWOHNHEIT

1. Welche Gewohnheit nervt dich schon lange und was hat sie dich schon an Zeit, Geld, Lebensqualität gekostet?

   ....
   ....
   ....

2. Durch welche neue Gewohnheit könntest du sie ersetzen und wie würde sie dein Leben bereichern?

   ....
   ....
   ....

3. Wann wirst du beginnen, deine neue Gewohnheit umzusetzen?

   ....
   ....
   ....

   (Kleiner Scherz, die Antwort ist natürlich: heute.
   Viel Erfolg, du schaffst es!)

Sei du selbst die Veränderung

AUCH EINE SCHWERE TÜR HAT NUR EINEN KLEINEN SCHLÜSSEL NÖTIG.

Charles Dickens

Wenn du Schlösser
in die Luft gebaut hast,
so braucht deine Arbeit
nicht umsonst zu sein;
dort gehören sie nämlich hin.
Und nun gehe daran,
die Fundamente
unter sie zu bauen.

Henry David Thoreau

Es gibt nur zwei Tage
im Jahr, an denen man
nichts tun kann.
Der eine ist Gestern,
der andere Morgen.
Dies bedeutet, dass heute
der richtige Tag zum Lieben,
Glauben und in erster Linie
zum Leben ist.

Dalai Lama

Meine Lieblingszitate,
die mich zur Veränderung ermutigen

 ...

VON DER FREIHEIT,

den eigenen Weg zu gehen

Verschwende deine Freiheit nicht

An manchen Tagen fühle ich mich, als hätte ich eine 50 Kilo schwere Eisenkugel am Fuß. Oder zwei. Ach komm, lassen wirs drei sein. Gefangen, geknechtet, irgendwas zwischen lebenslänglich und Baumwollpflücker. Meine ganze Welt wird überschattet von einem riesigen »Ich muss«. Was mir dann hilft: tief durchatmen. Mich erinnern, dass ich doch eigentlich viele Freiheiten habe.

Die Amerikanerin Virginia Satir gilt als Mutter der Familientherapie. Von ihr stammen die folgenden »fünf Freiheiten des Menschen«:

1. Die Freiheit, zu sehen und zu hören, was im Moment wirklich da ist. Nicht das, was sein sollte, gewesen ist oder erst sein wird.
2. Die Freiheit, auszusprechen, was ich wirklich fühle und denke. Nicht das, was von mir erwartet wird.

3. Die Freiheit, zu meinen Gefühlen zu stehen und nicht etwas anderes vorzutäuschen.
4. Die Freiheit, um das zu bitten, was ich brauche, anstatt immer erst auf Erlaubnis zu warten.
5. Die Freiheit, in eigener Verantwortung Risiken einzugehen, anstatt immer nur auf Nummer sicher zu gehen und nichts Neues zu wagen.

Und es stimmt. Theoretisch bin ich frei. Bist du frei. Sind wir es alle, jeden Tag, jeden Moment. Aber wie nutzen wir unsere Freiheit? Wagen wir immer wieder Neues oder verkriechen wir uns nicht viel öfter in irgendwelchen Löchern, mäuschenklein, mucksmäuschenstill? Bloß nicht auffallen, brav der Herde hinterhertraben.

Wir sehen, wie die Masse dem Geld nachjagt, dem Fastfood oder den Kohlsuppendiäten, dem Coolsein, den Jura- und Ingenieursstudiengängen, den Konzernkarrieren. Und weil wir so damit beschäftigt sind, mitzuhalten, mitzukommen, dranzubleiben, vergessen wir irgendwann, uns zu fragen: Wohin führt der Weg eigentlich, auf dem ich mitlaufe – ins Glück oder Unglück? Und ist dieser Weg überhaupt meiner?

Das Pony mit den
kurzen Beinchen

Kürzlich las ich von einem Pony in Großbritannien mit ungewöhnlich kurzen Beinen. Wenn es zum Grasen auf der Wiese stand, waren die vorbeifahrenden Autofahrer so von seinem Anblick erschreckt, dass innerhalb weniger Wochen mehrere Fahrer die Feuerwehr anriefen und meldeten: »Hier ist ein Pony in den Morast eingesunken.« In dieser kurzen Zeit entstanden dadurch Kosten von 8000 Pfund (keine Ahnung, warum die Feuerwehr darauf mehrmals reingefallen ist).

Diese Geschichte zeigt einerseits natürlich etwas sehr Positives: Die Autofahrer waren achtsam und holten Hilfe. Sie zeigt aber noch etwas anderes: Den Autofahrern kam gar nicht in den Sinn, dass das Pony einfach nur anders sein könnte als andere Ponys. (Wenn das Pony ein Mensch gewesen wäre, hätte es bestimmt High Heels angezogen, um in der Masse nicht aufzufallen. Selbst wenn es damit ständig gestolpert wäre.)

Der eigene Weg

Es ängstigt mich auch heute noch manchmal, etwas anderes zu tun als meine ehemaligen Kommilitonen und Kolleginnen. Als die meisten meiner Freunde und Bekannten. Klar, wäre ich in meinem alten Job und damit ein Teil der Herde geblieben, wäre es oft einfacher. Ich würde wahrscheinlich seltener zweifeln. Würde mehr Geld verdienen. Müsste weniger Tage ertragen, an denen alles viel zu langsam voranzugehen scheint. Ich hätte immer Kollegen um mich herum, bei denen ich mich über den miesen Chef oder den lausigen Kantinenfraß ausheulen könnte.

Doch der Preis, mich auf diese Weise sicher zu fühlen, war mir zu hoch. Ich wusste: Mit jedem Jahr inmitten der Masse würden meine Abhängigkeit von ihr nur wachsen und mein Selbstbild von der Stange immer stärker an mir kleben. Die Stofffasern würden mehr und mehr mit meiner Haut verwachsen, wie ein Pflaster mit einer Wunde. Wenn ich mich dann befreien wollen würde von all den Vorstellungen und Ansprüchen, die im Grunde gar nicht zu mir passten, würde es sehr, sehr schmerzhaft werden.

Es gibt Dinge, die du tun musst, keine Frage. Du musst deine Kinder ernähren. Deine Steuererklärung machen. Rechnungen bezahlen. Deiner Oma eine Karte zum 80. schreiben (wirklich, das musst du tun!). Aber ansonsten bist du frei. Frei, du selbst zu sein.

Sei Bäcker, Bankerin, Berater, Bestatter, Floristin, Hundefutter-Vorkoster, Hausmann oder Philosophin. Trampe nach Indien, besuch den Papst, zieh nach Bottrop. Kauf Aktien von Microsoft, lass dir ein Arschgeweih auf die Stirn tätowieren, heirate einen Typen aus dem Videotext-Chat. Trink Champagner aus dem Tetrapack, zapf dir die Milch direkt aus dem Euter einer Biobauernhof-Kuh, leg dich ins Gras und schau dir Wolkenbilder an.

Erinnere dich dabei nur immer wieder an eines, schreib es dir hinter die Ohren, an den Spiegel, ins Smartphone: Du bist frei. Es ist dein Leben. Geh deinen eigenen Weg und hinterlasse deine eigenen Spuren.

Und hab keine Angst vor der Angst. Sie ist ein Zeichen, dass du gerade dabei bist, deine eigenen Grenzen zu überschreiten. Innerlich größer zu werden, zu wachsen.

4 FRAGEN, ...
... DIE DEINE ANGST LINDERN

Wenn du in Zukunft noch mehr deinen eigenen Weg gehen willst ...

1. Was ist der nächste wichtige Schritt auf meinem Weg?

   ....

   ....

2. Was ist das Schlimmste, das mir passieren kann?

   ....

   ....

3. Was kann ich tun, wenn das Schlimmste eintritt?

   ....

   ....

   (Hättest du bisher nicht immer alles durchgestanden, würdest du diese Zeilen nicht lesen.)

4. Was ist das Beste, das mir passieren kann?

   ....

   ....

Gehe nicht,
wohin der Weg
führen mag,
sondern dorthin,
wo kein Weg ist,
und hinterlasse
eine Spur.

Jean Paul

DAS GEHEIMNIS DER FREIHEIT IST DER MUT.

Perikles

DAS AUßERGEWÖHNLICHE GESCHIEHT NICHT AUF GLATTEM, GEWÖHNLICHEM WEGE.

Johann Wolfgang von Goethe

Meine Lieblingszitate
zur Freiheit

 …

100 000 MAL AM TAG:

Entscheidungen treffen

Ja, nein, vielleicht – wie du lernen kannst, auf dein Herz zu hören

Entscheidungen stehen an. Jeden Tag hunderttausende. Kleine und große. Unwichtige und entscheidende. Leichte und schwere. Solche, die wir im Bruchteil einer Sekunde und aus dem Bauch heraus treffen. Etwa die Entscheidung, dem Wildschwein oder dem Yeti auf der Straße auszuweichen, bevor es an unserer Windschutzscheibe klebt. Oder den Menschen anzusprechen, der uns schon auf den ersten Blick aus der Bahn wirft.

Dann wiederum gibt es Entscheidungsfragen, mit denen wir uns die Nächte um die Ohren schlagen, weil sich das Gedankenkarussell unaufhörlich dreht. Sollen wir das Leben, wie wir es kennen, hinter uns lassen? Die Ehe begraben, bevor sie uns begräbt? Endlich mit dieser einen Lüge aufräumen?

Oft führt Grübeln zu nichts als zu noch mehr Grübelei. Wir zermartern uns das Gehirn, warten auf Geistesblitze. Doch meistens bleibt es dunkel. Spätestens jetzt verstehen wir, dass es so nicht weitergehen kann. Dass wir den Schritt einfach wagen müssen. Nur: Welcher ist richtig? (Verdammt, noch mehr Grübelei!)

Die neun Wörter

Wenn sich Kinder nicht entscheiden können, wer den letzten Bonbon bekommt, spielen sie »Schere, Stein, Papier«. Bei dem Spiel ist klar geregelt, welches Handzeichen welches schlägt. Bei den neun Wörtern für unklare Zeiten im Spiel »Leben« ist es genauso klar:

Liebe schlägt Angst.
Entwicklung schlägt Stillstand.
Ja schlägt Nein.

Was dein innerer Mönch dir rät

Manchmal wissen wir im Grunde längst, was wir wirklich wollen. Nur scheint die Antwort irgendwie im Gehirn festzustecken, angenagt von Ängsten und Zweifeln, stumpf gedacht von zahllosen Abwägungen.

Nehmen wir Laura, der die Welt zu Füßen liegt. Anfang 20, Abi in der Tasche, Weltreise und obligatorisches Praktikum im Slum schon absolviert, doch die nächsten Schritte sind im Nebel der Möglichkeiten nicht erkennbar.

Nehmen wir Peter, der etwas verändern will, dringend, sein Körper ein Wrack, seine Seele ein Häufchen Elend, so geht es nicht weiter. Er hat sich nach oben gekämpft auf der Leiter, doch die Leiter stand leider an der falschen Wand.

Oder Trude, die ihr Leben irgendwie neu füllen muss. Nach fast einem halben Jahrhundert mit ihrem geliebten Mann an ihrer Seite wird sie den Rest ihres Weges nun allein beschreiten müssen.

Drei Menschen, eine Frage: Was soll ich nur tun?

Vielleicht hast du diese Frage auch schon mal hin- und hergewälzt wie einen Schneeball, der immer größer und größer wird, bis er vor dir liegt, meterhoch, und dein ganzes Leben überschattet. Dann könnte dir diese Übung helfen.

GENUG GEGRÜBELT ...
... ICH ENTSCHEIDE MICH JETZT!

Schreib alle deine Optionen auf:

....

....

....

....

Wähle den letzten Eintrag auf dieser Liste.

Warum den letzten? Weil der Verstand in der Regel zunächst alle vernünftigen Dinge ausspuckt. Die, die sich (vermeintlich) so gehören, gesellschaftlich akzeptabel und möglichst sicher erscheinen. Statt unserer eigenen Stimme hören wir an dieser Stelle viel öfter unsere Eltern, Partner, Kollegen und Freunde. Erst wenn der Kopf leergeschrieben ist, übernimmt ein tieferer Teil die Führung über die schreibende Hand.

Was steht also an letzter Stelle auf deinem Papier? Und wie fühlt es sich an, diesen Punkt zu lesen? Weitet sich da was in deiner Brust? Wirkt es irgendwie richtig und lebendig, auch wenn du ahnst, dass es vielleicht nicht einfach wird? Ja? Dann hast du gehört, was dein innerer Mönch dir rät.

VIEL MEHR
ALS UNSERE
FÄHIGKEITEN SIND
ES UNSERE
ENTSCHEIDUNGEN,
DIE ZEIGEN, WER WIR
WIRKLICH SIND.

Joanne K. Rowling

Wann immer
ich zwei Übeln
gegenüberstehe,
wende ich mich dem zu,
das ich noch nicht
ausprobiert habe.

Mae West

Wer das Ziel kennt,
kann entscheiden.
Wer entscheidet,
findet Ruhe.
Wer Ruhe findet,
ist sicher.
Wer sicher ist,
kann überlegen.
Wer überlegt,
kann verbessern.

Konfuzius

Meine Lieblingszitate
zum Entscheidungentreffen

 ...

DU BIST
NÄHER
AM ZIEL,
als du glaubst

Wie du es schaffst,
jetzt nicht aufzugeben
(auch wenn dir echt danach ist)

Manche meiner Träume habe ich schneller aufge-geben als eine Eintagsfliege ihr Leben. Skateboard fahren, nachdem ich einmal kurz draufstand und Angst bekam (o Gott, der Fahrtwind!); rappen, nachdem ich mich nach einer Woche üben immer noch nicht so anhörte wie Eminem; meinen Traum, Astronaut zu werden, lange bevor mein Raumschiff fertig war (es bestand bis dahin nur aus einer Papp-schachtel mit einem Sitzkissen drin). Und ich lebe recht gut damit, Bus statt Skateboard zu fahren, zum Beat zu nicken und mir die Sterne von unten anzuschauen.

Es gibt Träume, die sich als kurzfristige fixe Ideen herausstellen, und das ist auch in Ordnung. Aber dann gibt es eben auch solche, bei denen man spürt, dass sie etwas Größeres, wirklich Wichtiges sind. Mein Traum von myMONK zum Beispiel. Ich habe geglaubt. Gearbeitet. Verzichtet. Über Wochen, Monate, Jahre. Bis es einfach nicht mehr ging. Kühlschrank, Konto und Kraftreserven leer, der Kopf voller Zweifel, rechts und links von mir Leute, die ihr Leben im Gegensatz zu mir auf die Reihe zu kriegen schienen.

Irgendwann dachte ich: »Mir reichts, das wird eh nichts mehr, ich geh schaukeln« (respektive: Ich werde endlich erwachsen und begreife, dass Träume ab einem bestimmten Alter nur noch nächtliches Unterhaltungsprogramm sind). Zum Glück habe ich nicht auf diese Gedanken gehört.

Wie macht man aber weiter, wenn man eigentlich nicht mehr kann? Wie rappelt man sich hoch, wenn der Traum in Trümmern zu liegen scheint?

Was dir hilft, weiterzumachen

Weinen: Kämpfen heißt nicht, immer stark sein zu müssen. Zu manchem Kampf gehören eben nicht nur Schweiß und Blut, sondern auch Tränen. Weinen befreit (mich) mehr als tausend affige Motivationsfloskeln. Buhuuu statt Tschakkaaa. Die Schleusen der Verzweiflung öffnen, einmal so richtig alles rauslassen, den ganzen Zweifel-Dreck und die Ängste wegschwemmen.

Du bist näher am Ziel, als du glaubst

Inspirieren lassen: Zum Beispiel von wahren Geschichten von Leuten, die große Ziele hatten, auf dem Weg dorthin aber wieder und wieder auf die Nase gefallen sind.

Zum Beispiel von der, wie Steven Spielberg dreimal von der University of Southern California Film School abgelehnt wurde. Oder von der vom Bestsellerautor Tim Ferriss, dessen Buch »Die 4-Stunden-Woche« von 25 Verlagen abgelehnt wurde, bevor ihm der 26. endlich eine Chance gab. Oder von James Dyson, der 5 126 (!!!) Prototypen des heute weltweit gekauften Vakuum-Staubsaugers bauen musste, bevor mal einer funktionierte. Von den 10 000 fehlgeschlagenen Versuchen, die (ebenfalls) Thomas Edison erlitt, bevor die elektrische Glühbirne endlich erfunden war, hast du vielleicht schon gehört.

Oder von Sylvester Stallone als verarmter No-Name, der sogar seinen Hund verkaufen musste, weil er ihm kein Futter mehr kaufen konnte, und der mit seinem selbst geschriebenen Drehbuch für »Rocky« zu etwa 1 500 Filmproduzenten ging und überall abgewiesen wurde. Sein Drehbuch sei zwar okay. Dass er aber darauf bestand, selbst die Hauptrolle zu spielen – mit diesem Gesicht! Also, das gehe wirklich nicht!

Oder von Michael Jordan, dem legendärsten Basketballspieler aller Zeiten, der es nicht ins Highschool-Team geschafft hatte, weil er den Trainern zu klein war. Du siehst, ich lese gern (Auto-)Biografien – weil ich diese Geschichten vom Scheitern und Wiederaufstehen liebe.

Ans Warum erinnern: So eifrig wir unseren Zielen hinterherjagen, so schnell vergessen wir manchmal, warum wir uns eigentlich zu ihnen aufgemacht haben. Uns wieder daran zu erinnern, kann das Aufgeben abwenden und uns neu motivieren.

Frag dich: Warum wolltest und willst du dein Ziel erreichen? Wie wirst du damit dir selbst, deiner Familie und der Welt helfen? Für wen willst du Vorbild sein? Auf welches Leben mit welchen Entscheidungen willst du als 85-Jährige/r in deinem Schaukelstuhl zurückblicken?

Nicht vergleichen! Es gibt wenige Dinge, die mich so nah an die Verzweiflung bringen wie der Vergleich mit anderen. Bei wirklich allen scheint es schneller zu gehen als bei mir – was auch immer »es« aktuell ist: Sie nehmen schneller zu oder ab, studieren schneller, sind schneller Trilliardäre, Bestsellerautoren, Megasportler, Astronauten, Coaches in Beverly Hills oder Blogger mit 9 294 381 023 812 398 Lesern pro Tag.

Du bist näher am Ziel, als du glaubst

Kann es sein, dass du gerade denselben Fehler machst und deswegen so frustriert bist? Weil du auf Nachbars viel grüneres Grün schaust (das in Wirklichkeit ein Kunstrasen ist, der krebserregende Substanzen abgibt)?

Du bist du, auf deinem Weg. Du kannst ihn nicht vergleichen mit den Wegen der anderen. Wir alle gehen unter unterschiedlichen Voraussetzungen los, und auch das, was uns unterwegs begegnet, ist so unterschiedlich, dass Vergleiche eigentlich gar nicht funktionieren können.

Pause machen und zurückblicken: Du glaubst, du hättest keine Zeit, jetzt eine Pause einzulegen? Dann erinnere dich an den Holzfäller, der sich halbtot arbeitete, aber kaum vorankam, denn: Seine Axt war stumpf geworden. Da kam ein anderer Holzfäller vorbei und sagte: »Hey, deine Axt müsste mal wieder geschliffen werden.« Und der Holzfäller antwortete: »Das geht nicht, ich muss doch den Baum fällen. Ich habe keine Zeit, die Axt zu schleifen!«

Mach eine Pause, tritt einen Schritt zurück und sieh dir an, was du bis jetzt alles geschafft hast. Wäre der Weg zurück nicht viel weiter als der nächste Schritt nach vorne? Du bist vielleicht viel näher am Ziel, als du glaubst. Und falls es dir heute noch niemand gesagt hat: Die Welt braucht dich.

3 GRÜNDE, ...
... WARUM ICH JETZT NICHT AUFGEBE

1. ....
   ....
   ....
   ....

2. ....
   ....
   ....
   ....

3. ....
   ....
   ....
   ....

Du bist näher am Ziel, als du glaubst

Bedenke, ein Stück des Weges liegt hinter dir, ein anderes Stück hast du noch vor dir. Wenn du verweilst, dann nur, um dich zu stärken, aber nicht, um aufzugeben.

Augustinus von Hippo

JEDER KÜNSTLER WAR ANFANGS EIN AMATEUR.

Ralph Waldo Emerson

Wenn du nicht
fliegen kannst,
dann laufe.
Wenn du nicht laufen
kannst, dann gehe.
Wenn du nicht gehen
kannst, dann krieche.
Aber was immer
du auch tust, du musst
weitergehen.

Martin Luther King, Jr.

Meine Lieblingszitate,
die mich motivieren

 ...

LOSLASSEN

*heißt nicht
aufgeben*

Was »Loslassen« wirklich bedeutet und wie es gelingen kann

Sie steht am Fenster, eine Zigarette in der Hand. Draußen ist es grau. In ihr drinnen klafft eine tiefe Wunde. Früher konnte sie Ringe in die Luft blasen, manchmal erinnerten sie sogar an ein Herz. Seit einer Weile bildet sich höchstens noch etwas zwischen (Hunde-)Haufenwolke und Atompilz, wenn sie den Rauch ausbläst. Ihr Mann hat sie verlassen, für eine Ältere, von heute auf morgen.

»Es ist aus«, hat er gesagt.

Er ist weg und hat die ersten drei Buchstaben von »gemEINSAM« mitgenommen. Sie kann und will sich nicht mehr so fühlen wie in diesen letzten Monaten, die sich dehnten wie eine Ewigkeit, eine Stunde so lang wie ein Tag, ein Tag so lang wie ein Jahr, ein Gefühl wie ein Dauer-Abo für die Hölle.

Loslassen, denkt sie. Das ist die Antwort. Das hat sie gelesen und ja, sie will, will, will loslassen. Den

Schmerz, den Partner, der nicht mehr ihrer ist, nach über 16 Jahren.

Das falsche Loslassen

Immer wieder versucht sie es. Setzt sich auf die Couch oder legt sich ins Bett. »Lass los.« Sie wartet ab. »Loslassen«, wiederholt sie. Nichts passiert. »Jetzt lass doch endlich los, du blöde Kuh!« Aber der Schmerz bleibt. Am nächsten Tag versucht sie es wieder. Diesmal will sie mit dem Schmerz verhandeln. »Schmerz, ich lasse dich fünf Minuten lang da sein, aber dann haust du ab, okay?« Einen Moment lang scheint es ihr besser zu gehen, sie wird ruhiger. Doch kaum beginnt sie, sich etwas sicherer zu fühlen, ist er prompt wieder da, dieser miese Schmerz.

Es ist die falsche Art des Loslassens, die Art, die nicht funktioniert, nie. Loslassen ist auf diese Weise nur ein zum Scheitern verurteilter Versuch, Kontrolle über die eigenen Gefühle zu erlangen. Genauso wenig funktioniert es, sie zu verdrängen, sie wegzudrücken, sich abzulenken. Es ist, als würden wir auf eine geschlossene Zange »Loslassen« schreiben: Es bleibt eine geschlossene Zange, ein Werkzeug, das kontrollieren und manipulieren will.

Das richtige Loslassen

Die richtige Art des Loslassens geht anders. Loslassen ist nicht gleich loswerden. Sondern im Gegenteil: da sein lassen. Der buddhistische Mönch Ajahn Brahm drückt es so aus: »Schmerz, die Tür zu meinem Herzen steht dir offen, ganz gleich, was du mir antust.«

Und man kann ergänzen: ganz gleich, wie lange du es mir antust. Ich hab echt wenig Lust darauf, aber wenn es so sein soll, dann eben mein ganzes restliches Leben lang.

So geben wir die Kontrolle ab. Räumen dem Schmerz ein Bleiberecht ein. Und paradoxerweise reist er gerade dann viel eher ab. Denn worum es ihm wirklich geht, ist die uneingeschränkte Einladung und Freiheit. Er will gar nicht für immer bleiben. Er will sich austoben und wüten dürfen. Sich richtig und ungestört verausgaben, um sich schließlich zu beruhigen und weiterzuziehen.

Der Unterschied zwischen Aufgeben und Loslassen

Vielleicht zweifelst du. Denkst, »Loslassen« sei ein Synonym für »Aufgeben«. Für »Versager« und »dickes, fettes L auf der Stirn«. Ist es nicht. Es gibt einen Unterschied zwischen Aufgeben und Loslassen. Einen gewaltigen: Du gibst auf aus Angst und schränkst dein Leben ein. Oder: Du lässt los im Vertrauen und befreist dein Leben. Aufgeben ist schlecht. Loslassen ist gut.

Du darfst fortgehen, jederzeit

Niemand zwingt dich, zu bleiben, wo es dir nicht gut geht. Du hast genug gekämpft, du darfst dich ausruhen. Du kannst stolz auf dich sein. Du hast wieder und wieder die Zähne zusammengebissen. Hast alles versucht.

Du darfst den Job kündigen, den du hasst. Von den Kollegen fortgehen, die keine sind. Von all den Listen mit To-dos, die dein Herz dumpfer schlagen lassen und deinen Puls gefährlich in Richtung Nulllinie treiben. Auch, wenn die Welt dir sagt, du solltest es nicht tun.

Doch, du solltest. Du kannst eine neue Aufgabe finden, einen neuen Job, der dich mit Freude an den nächsten Tag denken lässt.

Du darfst wegziehen aus der Stadt, die dir fremd geblieben ist, in der du einsam bist unter Millionen Menschen. Oder deren Straßen und Plätze für dich voller Erinnerungen sind an alte, tote Beziehungen, Hoffnungen, Träume. Schreib an einem anderen Ort ein neues Kapitel der Geschichte deines Lebens.

Du darfst fortgehen von einem Menschen, der dich schlecht behandelt. Auch, wenn du ihn liebst. Auch, wenn euch viel verbindet. Du darfst dich an die erste Stelle setzen – wer sonst sollte es tun?

Du darfst sie hinter dir lassen, die Situationen, in denen du dich selbst nicht magst. Die Fehler, die du dir längst hättest vergeben können. Die Erwartungen an dich, belastend wie schwere Steine in einem Rucksack, den du seit Jahren ohne Pause schleppst.

Es ist dein Recht. Und deine Entscheidung.

Pack deine Sachen, schnür deine Schuhe. Vertraue. Auf dich, auf deine Stärke. Sei gut zu dir. Geh fort. Atme frische Luft. Entdecke – erfinde – dein Leben neu. Lass los.

Das geht vorbei

Eine junge Frau kommt zum Meister und sagt: »Meister, mein Leben ist so schwer. Ich will nur noch weinen und der Himmel ist so schwarz.« Der Meister antwortet: »Das geht vorbei.« Einen Monat später kommt die Frau wieder. Sie sagt: »Meister, mein Leben ist so leicht. Ich könnte die Welt um-

armen und der Himmel strahlt so schön blau.« Der
Meister antwortet: »Das geht vorbei.«

Wolken, die die Sonne fressen. Tage, die wie große Freiheit schmecken. Nächte, in denen wir lieben,
mit allem, was wir haben. Sommer, Winter, Küsse,
Flüche, Jungsein, Altsein, Krankheit, Traurigkeit. All
das geht vorbei. Nichts bleibt. Daran können wir
uns immer wieder erinnern – gerade wenn wir
schwere Zeiten durchleben.

3 SCHMERZHAFTE DINGE, ...
... DIE VERGÄNGLICH SIND

1. ....
....
wird vorbeigehen.

2. ....
....
wird vorbeigehen.

3. ....
....
wird vorbeigehen.

Loslassen heißt nicht Aufgeben

LERNE LOSZULASSEN, ES IST DER SCHLÜSSEL ZUM GLÜCK.

Buddha

Du kannst nicht
das nächste Kapitel
deines Lebens beginnen,
wenn du ständig
den letzten Abschnitt
wiederholst.

Michael McMillan

Nichts ist entspannender, als das anzunehmen, was kommt.

(Dalai Lama)

Meine Lieblingszitate,
die mir beim Loslassen helfen

 ...

Zwei Geheimnisse
für ein entspannteres Leben
– ACHTSAMKEIT
UND DANKBARKEIT

Wie Achtsamkeit und Dankbarkeit von Stress und Frust befreien

Schau nur, wie sie vorüberziehen, die Sekunden und Minuten und Stunden und Tage und Wochen und Monate und Jahre. Sie ziehen an uns vorbei und oft bleibt nichts zurück als das Gefühl, etwas zu verpassen (oder bereits verpasst zu haben): den Moment, den Sommer, unser Leben.

Wann hast du das letzte Mal zugesehen, wie die Sonne auf- oder untergeht? Wann hast du das letzte Mal beobachtet, wie sich die Blätter am Baum im Wind bewegen? Dem Lied eines Vogels gelauscht? Gespürt, wie sich dein kleiner rechter Zeh anfühlt?

All der Stress, all die Aufgaben, Kopfschmerzen, schlaflosen Nächte, Ängste, Sorgen und Nöte. Getrieben von Gedanken an vorhin oder gestern, an gleich oder morgen, vertrieben aus uns selbst und der wenigen Zeit, die uns das Leben schenkt. Festhalten können wir sie nicht, die einzelnen Momente.

Was wir jedoch können, ist: wirklich an ihnen teil-
haben, sie intensiv erleben, in ihnen ankommen
und zu Hause sein, solange sie da sind.

Übungen für einen achtsamen Alltag

Achtsamkeit kann vielerlei bewirken: Depressionen
lindern, Stress senken, uns helfen, die eigenen Emo-
tionen besser zu regulieren, unsere Stimmung und
Lebenszufriedenheit erhöhen. Dafür musst du dir
kein Meditationskissen an den Hintern kleben, du
musst auch nicht zur Klangschalen-Therapie gehen
oder die Perlen einer Mala-Kette zählen. Achtsamkeit funktioniert in jeder Situation deines Alltags.

Achtsames Wahrnehmen des Körpers: Unser Körper ist – wie die Atmung – das Tor zum Hier und
Jetzt. Wir können nicht gleichzeitig ihn wahrnehmen und über die Vergangenheit jammern oder
über die Zukunft grübeln. Frieden breitet sich aus.

Wie fühlt sich dein Körper an, wenn du ihm einen
Moment lang volle Aufmerksamkeit widmest? Ist
ein Teil von ihm verspannt? Dann kannst du ihn bewusst entspannen: »Wenn ich einatme, nehme ich
meinen Körper wahr ... wenn ich ausatme, lasse ich
Verspannungen in meinem Körper los.«

Zwei Geheimnisse für ein entspannteres Leben

81

Achtsam essen: Kauen ist doch nur was für Leute, die zu viel Zeit haben. Oder? So wenig wir unser Essen in der Hektik schmecken, so wenig schmecken wir unser Leben. Was, wenn wir das Essen wieder wichtiger und uns bewusst Zeit dafür nähmen, ohne ständig aufs Smartphone zu schielen? Nicht mehr so tun, als wäre unser Mund ein Staubsauger und das Essen nichts als Dreck. Achten wir (auf) das Essen: auf die Form und Farbe, den Geruch, die Konsistenz, den Geschmack, den Nachgeschmack, das Sättigungsgefühl, das uns zufrieden macht.

Keine Spuren hinterlassen: Wir verlassen die Küche, das Bad, den Bus, den Arbeitsplatz so, wie wir ihn vorgefunden haben. Fällt uns etwas auf den Boden, heben wir es gleich auf. Haben wir Geschirr benutzt, spülen wir es gleich ab. Dass somit alles ordentlicher bleibt, das ist nur ein Ergebnis dieser Übung. Zusätzlich werden wir uns bewusst, dass und wie wir auf unsere Umgebung wirken.

Von der Achtsamkeit zur Dankbarkeit

86 400. So viele Sekunden hat jeder Tag. Hast du heute eine davon genutzt, um »Danke« zu sagen, egal ob laut oder in Gedanken?

Zwei Geheimnisse für ein entspannteres Leben

Ich schon. Aber nur halbherzig, wenn ich ehrlich bin (ich hatte mir unterwegs einen Kaffee geholt und das Wort im Weitergehen zum Verkäufer rübergeschoben). Da geht also noch einiges, da ist noch Luft nach oben.

»Wenn das einzige Gebet, das du in deinem Leben sprichst, das Wort danke wäre, würde es schon reichen«, schrieb der große Mystiker und Philosoph Meister Eckhart. Warum? Weil Dankbarkeit zufrieden macht, uns sehen lässt, wie viel Gutes wir (trotz allem) doch im Leben haben.

Heute weiß man auch aus der Wissenschaft: Dankbarkeit verändert das Gehirn nachhaltig. Sogar, wenn man sie nur in kleinen Dosen praktiziert, kann man noch Monate später Unterschiede im Hirnscan feststellen. Sie macht uns glücklicher, baut Stress ab und lindert Depressionen.

Hier ein paar kleine Mantras, die wir uns tagsüber immer wieder ins Gedächtnis rufen können. Als kleinen Schluck Glück und Kraft. (Wichtig ist, dass wir den Gedanken nicht nur einmal kurz mechanisch durch den Kopf ziehen wie einen nassen Lappen. Sondern auf das Gefühl dabei achten, es entstehen lassen und wahrnehmen.)

»Gut ist gut genug.« Wenn wir das ständige Verlangen nach mehr und nach Besserem loslassen, und sei es nur für ein paar Momente, breitet sich die Zufriedenheit sofort in uns aus, grünt augenblicklich wie ein Rollrasen.

»Alles, was ich erlebe, lässt mich wachsen.« Dankbar sein, auch für die Dinge, die wir uns anders vorgestellt hätten. Uns erinnern, wie sehr wir an den Herausforderungen der Vergangenheit gewachsen sind. Und daran denken: Man weiß nie, wofür es gut ist.

Oft muss einfach Zeit vergehen, bis wir erkennen, was durch das Ereignis – durch das, was wir nicht bekommen haben – erst möglich wurde: Eine neue große Liebe (zum ersten Mal gegenseitig). Die Erkenntnis, was uns wirklich wichtig ist. Ein Ruck, der uns aus der viel zu festgefahrenen Bahn wirft. Eine Chance, mit der wir nie gerechnet hätten. Das Glück an einem Ort, der uns bisher fremd war.

»Ich bin am Leben.« Es ist ein Privileg, am Leben zu sein. Eines, das uns die meiste Zeit selbstverständlich scheint, schließlich waren wir noch nie tot. Aber wach werden und frische Morgenluft einatmen zu können, nachdenken, fühlen, lieben können … ist das allein nicht ein wahres Wunder?

3 DINGE, FÜR DIE DU DANKBAR BIST ...
... UND WARUM DU DANKBAR FÜR SIE BIST

1. ....
....
....

2. ....
....
....

3. ....
....
....

Zwei Geheimnisse für ein entspannteres Leben

DIE WAHRE
LEBENSWEISHEIT
BESTEHT DARIN,
IM ALLTÄGLICHEN
DAS WUNDERBARE
ZU SEHEN.

Pearl S. Buck

Die beste Weise,
sich um die Zukunft
zu kümmern,
besteht darin,
sich sorgsam der
Gegenwart
zuzuwenden.

Thich Nhat Hanh

DENKE DARAN,
DASS ETWAS, WAS DU
NICHT BEKOMMST,
MANCHMAL EINE
WUNDERBARE
FÜGUNG DES SCHICKSALS
SEIN KANN.

Dalai Lama

Meine Lieblingszitate
zu Achtsamkeit und Dankbarkeit

.

 ...

Wie du INNERE RUHE finden kannst

Gelassen
wie ein Mönch

Ein Fremder rempelt dich auf der Straße an, keine Entschuldigung. Ein Kunde zahlt deine Leistung nicht und du kriegst dein (wohl-)verdientes Geld nicht. Ein Kollege verkauft deine Idee als seine und erntet deinen Applaus. Dein Chef schreit dich an vor versammelter Mannschaft und lässt kein gutes Haar an dir. Ein Freund sagt zwei Stunden vor dem Abflug die gemeinsame Reise ab, weil er keinen Bock mehr auf Zeit mit dir hat.

All diese Situationen haben eines gemeinsam: Sie haben ursächlich nichts mit dir zu tun. Sondern nur mit dem anderen. Mit seinen Geschichten, über sich, über das Leben, vielleicht auch mit seiner Geschichte über dich, seinem unvollständigen und verzerrten Bild von dir – aber garantiert nicht mit dir persönlich.

Der gemalte Apfel auf einem Stillleben in 2-D ist auch nicht der Apfel selbst. Und du bist nicht die Geschichte, nicht das Bild im Kopf des anderen. (Dem echten Apfel ist es egal, was mit seiner Abbildung passiert. Ob der Maler das Bild anschreit, übermalt, zerfetzt oder genüsslich aufisst. Der echte Apfel ist nicht gemeint, er wird nicht berührt, nicht verletzt und nicht angefressen. Er liegt da, prall in 3-D, und schaut sich das Spektakel aus sicherer Entfernung an.)

Zwar können wir reale Wunden davontragen, wie auch der Apfel real angebissen werden kann, und natürlich sollten wir uns wehren, wenn es uns hilft. Aber das verletzende Verhalten gilt immer nur dem Bild von uns im Kopf des anderen, nie uns persönlich.

Das zu erkennen befreit uns von einer großen Last. Wie in dieser kurzen Zen-Geschichte, die zu meinen liebsten gehört:

Musashi war ein alter Meister des Schwert-kampfs mit vielen Schülern. Eines Tages forderte ihn ein junger Krieger zum Kampf heraus, der wegen seiner Kraft und seines Talents weit über das Dorf hinaus gefürchtet wurde. Der junge Mann wollte der Erste sein, der Musashi in die Knie zwingen würde.

Die Schüler rieten Musashi vom Kampf ab, doch er willigte ein. Die beiden gingen in Stellung und der junge Mann beschimpfte den Meister, bewarf ihn mit Dreck und spuckte ihm ins Gesicht. Der

Meister blieb einfach regungslos stehen. Das ging über Stunden so. Schließlich hatte sich der junge Krieger verausgabt. Er gab sich geschlagen und zog voller Scham davon.

Die Schüler waren enttäuscht, dass ihr Meister diesen überheblichen Mann nicht zurechtgewiesen hatte. »Wie konntet ihr so eine Schmach über euch ergehen lassen?«, fragten sie. Der Meister sagte: »Wenn einer kommt und dir ein Geschenk geben will – und du nimmst es nicht an: Wem gehört dann das Geschenk?«

Wenn du das nächste Mal etwas (zu) persönlich nimmst und dadurch aus deinem inneren Gleichgewicht zu geraten drohst, dann atme tief ein und aus und denke daran: Es geht hier um seine Geschichte, sein Problem, seinen Zorn, sein Misstrauen, sein enges Herz, seinen engen Verstand. Lass alles Negative dort, wo es hingehört – bei ihm. Und behalte, was dir gehört: deine innere Ruhe.

Vom Umgang mit Gefühlen

Angerempelt, abgestempelt, angelogen, abgezockt, abserviert, ausgetauscht, abgehängt. Das Leben verlangt uns eine Menge ab. Und das waren nur die Dinge, die mit »A« anfangen.

Vieles können wir nicht ändern. Wenn die Beziehung nicht nur in Scherben liegt, sondern in Millionen kleiner, gefährlich scharfer Splitter, die sich nie wieder zusammenkleben lassen. Wenn der Hund tot ist (vielleicht erstickt in der Handtasche), der Job verloren, eine schwere Krankheit ausgebrochen … dann gibt es nur zwei Möglichkeiten: Entweder wir bleiben trauernd stehen. Oder wir gehen weiter, sobald wir so weit sind.

Entscheidend ist, was wir mit den schmerzhaften Gefühlen tun, die zurückbleiben. Der buddhistische Mönch Thich Nhat Hanh sagt, dass unser Ärger, unsere Angst, unsere Traurigkeit, unsere Enttäuschungen genauso Teile von uns sind wie unsere Organe. Sind wir verärgert, sollten wir nicht sagen: »Verschwinde, Ärger, ich will dich nicht.« Haben wir Bauchschmerzen, sagen wir ja auch nicht: »Verschwinde, Bauchschmerz, ich will dich nicht.« Wir ignorieren ihn auch nicht. Nein, wir kümmern uns um ihn. Denn, Herrgott, Bauchschmerzen hat man eben als Mensch hin und wieder. Und ein Kamillentee tut dann sehr gut.

Genauso sollten wir bei Ärger und anderen Gefühlen zu uns selbst zurückkehren und uns um sie kümmern. Sie wahrnehmen, da sein lassen. Ja, Ärger, du darfst da sein. Ja, Traurigkeit, ich sehe dich.

Eine Wärmflasche für die schmerzende Seele. Kalte Wickel für den erhitzten Geist. Erst dann kommt sie zurück: die innere Ruhe.

3 SOFORT WIRKSAME FRAGEN, ...
... WENN DU DICH AUFREGST

1. Wie könnte ich die Situation anders interpretieren?

   ....
   ....
   ....

2. Wie wichtig wird mir das in fünf Jahren noch sein?

   ....
   ....
   ....

3. Gibt es etwas Nützlicheres, auf das ich mich jetzt konzentrieren könnte?

   ....
   ....
   ....

AN UNSEREN GEDANKEN LEIDEN WIR MEHR ALS AN DEN TATSACHEN.

Seneca

WENN MAN
SEINE RUHE NICHT
IN SICH FINDET,
IST ES ZWECKLOS,
SIE ANDERNORTS
ZU SUCHEN.

François de La Rochefoucauld

Meine Lieblingszitate,
die mich gelassener werden lassen

 ...

SICH SELBST
akzeptieren und lieben lernen

Sei, wer du schon längst bist, und verstecke dich nicht

Sich selbst akzeptieren heißt, annehmen, wer und was man ist. Die vermeintlich schlechten Eigenschaften genauso wie die vermeintlich guten. Sich selbst akzeptieren heißt, aus vollem Herzen sagen zu können: »Ich bin okay, so wie ich bin. Ich akzeptiere alle meine Seiten und Facetten.«

Mangelnde Selbstakzeptanz zeigt sich in Gedanken und Gefühlen, wie die meisten von uns sie wohl kennen: »Ich bin zu fett. Meine Nase ist zu groß. Mein rechtes Ohrläppchen ist abstoßend. Ich bin zu blöd. Verklemmt. Ungeduldig. Neidisch. Eifersüchtig. Faul. Unbeweglich. Langweilig. So sollte ich nicht denken. Das darf ich nicht fühlen, so darf ich nicht sein. Hoffentlich merkt niemand, wie ich wirklich bin. Ich muss mich verstellen. Oder am besten gleich ganz verstecken. Ich schäme mich.«

Es gab eine Zeit in meinem Leben, da war das Verstecken für mich die erste Wahl. Vorhänge zu, Telefon lautlos, um ja nicht zu irgendetwas oder irgendwem eingeladen zu werden und rausgehen zu müssen (dennoch irgendwie hoffend, dass jemand anruft). Es war schweineeinsam und hat manchmal verdammt wehgetan, wenn ich ehrlich bin. Was mir damals gefehlt hat, waren nicht Freunde. Die hatte ich glücklicherweise immer. Was mir fehlte, war ich selbst. Ich konnte mich nicht so akzeptieren, wie ich war. Und bevor andere schlecht über mich dachten – oder schlimmer noch: merkten, dass ich schlecht über mich selbst dachte –, habe ich mich lieber verkrochen.

Von den Eigenschaften, die ich damals nicht akzeptieren konnte, den vermeintlichen Fehlern, entpuppten sich einige später sogar als echte Vorzüge. Heute weiß ich zum Beispiel: Es ist nichts Schlimmes daran, introvertiert zu sein. Klar kann man dann nicht erwarten, dass sich fremde Leute auf einen stürzen in der Uni, im Job oder auf einer Party, wenn man den Mund nicht aufbekommt. Dafür tendiert man als Introvertierter eher zu Tiefgründigkeit, aus der man für sich selbst und andere viel Gutes schöpfen kann, wenn sie einmal in die richtigen Bahnen gelenkt ist.

Selbstakzeptanz ist die Basis echten Wachstums

Persönlichkeitsentwicklung ohne Selbstakzeptanz ist ein anstrengendes Weglaufen vor dem und Ankämpfen gegen das, was wir sind und wer wir sind. Je mehr wir erreichen, desto mehr knüpfen wir (Selbst-)Liebe an Bedingungen, müssen immer mehr strampeln, uns immer wieder neu beweisen, dass wir okay sind. Ein riskanter Kampf, den wir nicht gewinnen können, denn vor der nächsten Niederlage sind wir nie sicher.

Wenn wir uns selbst akzeptieren, haben wir die Kraft, unsere ureigenen Träume zu verwirklichen und danach zu streben, die Welt zu einem besseren Ort zu machen. Wir wollen uns selbst glücklich machen, anstatt ständig an uns zu arbeiten, damit wir endlich von anderen geliebt werden – in der Hoffnung, dass die Liebe der anderen die Löcher in uns selbst zu stopfen vermag. Nicht zuletzt sind Wachstum und Veränderung viel leichter, wenn wir gut zu uns sind.

Da gibt es eine kluge Fabel vom antiken griechischen Dichter Äsop: Der Wind und die Sonne gerieten eines Tages darüber in Streit, wer es von den beiden wohl schneller schaffen würde, den

Wanderer dazu zu bringen, seine Jacke auszuzie-
hen. »Gut«, sagte der Wind »machen wir einen
Wettkampf.« Der Wind begann. Er blies, so fest er
nur konnte, und stürmte und tobte und wollte dem
Mann seine Jacke mit Gewalt vom Leib reißen. Aber
der Wanderer zog seine Jacke nur immer fester um
sich und hielt sie mit beiden Händen fest.

Nach einer ganzen Weile gab der Wind auf.
Dann war die Sonne an der Reihe. Liebevoll sandte
sie dem Wanderer ihre warmen Strahlen. Es dauer-
te nicht lange, bis er die Jacke aufknöpfte und sie
auszog.

»Ich bin, wie ich bin«

Es ist wie bei »Der Herr der Ringe«. Nur statt des
Rings ist es in unserem Leben »ein Wort, sie zu
knechten, sie alle zu finden, ins Dunkel zu treiben
und ewig zu binden«. Das Wort lautet: »anders«.

Wenn es nur anders wäre. Wenn die anderen nur
anders wären. Und: Wenn wir selbst nur anders wären. Dieser Wunsch frisst sich wie eine Ratte durch
unseren Seelenfrieden. Eine Ratte, die sich an unseren Wunden festbeißt und zieht, zieht, zieht, dass
es uns fast zerreißt. Was dann hilft?

Eine Dosis Wirklichkeit und Akzeptanz. Als Nebenwirkung könnten Tränen fließen, aber das ist erlaubt. Lies die folgenden Sätze, die ich so ähnlich durch den Autor Jorge Bucays kennengelernt habe. Nimm dir Zeit und lass sie wirken – wie fühlen sie sich an?

Ich bin nicht der, der ich sein möchte.
Ich bin nicht der, der ich sein sollte.
Ich bin nicht der, den meine Eltern sich wünschen.
Ich bin nicht der, den mein Partner erwartet.
Ich bin nicht der, den mein Chef fordert.
Ich bin nicht der, der ich mal war.
Ich bin der, der ich bin.

Wir sind die, die wir sind. Wir sind Menschen mit Ecken und Kanten (denk dran: Nur eine Null hat keine). Mit aller Schönheit und allen Makeln. Wir Einbeinigen und Blauäugigen, Übervorsichtigen und Untervögelten, Nimmersatten und Magersüchtigen, Schrägfantasierenden und Heimlichmasturbierenden. Wir mit den großen und kleinen Steinen im Getriebe und den Herzen voll Blut und Wut und Liebe. Wir sind nicht die, die wir sein wollen oder sollen. Sondern die, die wir sind.

WELCHE MEINER »SCHWÄCHEN« ...
... KÖNNTE EINE STÄRKE SEIN UND WARUM?

1. ....
....
....
....

2. ....
....
....
....

3. ....
....
....
....

(Beispiel: Kerstin hört oft, sie sei »zu empfindlich«. In Wirklichkeit ist ihre hohe Sensibilität eine Gabe – wenn sie sie richtig nutzt und sich etwas besser abzugrenzen lernt.)

Die meisten Menschen
sind andere Menschen.
Ihre Gedanken sind die
Meinungen anderer, ihre
Leben Nachahmungen,
ihre Leidenschaften
nur Zitate.

Oscar Wilde

ICH WERDE
LIEBER GEHASST
FÜR DAS, WAS ICH BIN,
ALS GELIEBT ZU
WERDEN FÜR ETWAS,
DAS ICH NICHT BIN.

André Gide

WER »NICHT IN
DIE WELT PASST«,
DER IST IMMER
NAHE DARAN,
SICH SELBER
ZU FINDEN.

Hermann Hesse

Meine Lieblingszitate
zur Selbstliebe

 ...

BEZIEHUNG

– du und
die anderen

WEISE

Wie du dich von Erwartungen befreist und Enttäuschungen vermeidest

Ich war zehn oder elf Jahre alt und stand am Fenster. Guckte auf den Spielplatz mit der großen Reifenschaukel, auf der man bis in den Himmel schaukeln konnte. Und sah meinen besten Freund auf dem Spielplatz. Mit einem anderen Jungen. Er hatte mich nicht gefragt, ob ich mitkommen wollte, obwohl ich direkt gegenüber wohnte.

Mir liefen die Tränen über die Wangen – vor Wut und Einsamkeit. Wie konnte er nur? Wie konnte er da lachen und johlen und mich einfach stehenlassen, hinterm Fenster? Wie konnte er einen anderen als mich zu seinem besten Freund erwählen? Wie konnte er meine Erwartungen so enttäuschen?

Der Schmerz saß tief. Und das war nicht die letzte große Enttäuschung, die ich – wie die meisten von uns — einstecken musste. Ganz zu schweigen von den 1000 kleinen und mittelgroßen, die wir jeden Tag erleben. Meist sind es andere Menschen, die uns enttäuschen, Menschen, die uns nahestehen, uns wichtig sind. Wir werden wütend auf sie und machen ihnen Vorwürfe. Vielleicht sollten wir weniger mit unseren Mitmenschen hadern als mit unseren eigenen Erwartungen an sie.

Leidvolle Erwartungen

Wir erwarten von anderen, dass sie uns bestätigen, lieben und unsere Gedanken lesen, uns glücklich machen. Das kann schiefgehen. Jeder ist schließlich mit sich selbst schrecklich beschäftigt. Besonders problematisch aber ist die Erwartung an unsere Mitmenschen, dass sie sich ändern.

Wir selbst möchten so akzeptiert werden, wie wir sind, und vielleicht sogar geliebt werden. Jeder möchte das, denke ich: so sein dürfen, wie er ist. Gleichzeitig erwarten wir von unseren Mitmenschen, dass sie sich ändern.

Wenn doch mein Sohn endlich nicht mehr von mir gestillt werden müsste (er ist doch schon elf — und ich bin der Vater). *Wenn* doch meine Partnerin mehr Zeit mit mir verbringen würde. *Wenn* meine

Kollegen doch nur nicht solche Trottel wären … Dann wäre mein Leben so viel leichter und schöner!

Für solche Erwartungen rechtfertigen wir uns damit, dem anderen doch nur helfen zu wollen, sich zum Besseren zu verändern, sein Leben auf die Reihe zu bekommen.

Ob nun aus egoistischen oder selbstlosen Motiven – wir versuchen ständig, sie zu ändern, die Menschen in unserem Umfeld. Wollen ihnen die Pläne, die wir für sie haben, aufdrängen und engen sie damit so stark ein, dass sie kaum noch atmen können. Und schließlich bekommt auch die Beziehung zwischen uns kaum noch Luft – und erstickt.

Wirf deine Erwartungen ins Meer

Die folgende Übung hilft mit persönlich sehr, wenn ich mich mal wieder dabei ertappe, von meinen Erwartungen an mich und andere erstickt zu werden.

Stell dir vor, du stehst auf einem Steg am Meer. Du öffnest deine Hände. All deine Erwartungen strömen aus dir heraus, in deine Arme, bis du sie in den Händen hältst. Dann wirfst du sie ins Meer. Du lässt sie vom Wasser umspülen. Und siehst zu, wie die Wellen sie davontreiben, wie sie kleiner werden und kleiner. Du lässt sie gehen. Du kannst das Meer noch eine Weile beobachten und den frischen Wind spüren, so lange du möchtest. Dann gehst du zurück an Land und lebst dein Leben ohne Erwartungen. Nimmst die Menschen und Geschehnisse so, wie sie sind. Frei von Täuschung und Enttäuschung tust du, was du für richtig hältst und akzeptierst, was andere tun. Wenn neue Erwartungen in dir aufkommen, wirf auch sie einfach ins Meer. Das ist okay. Die anderen sind okay. Du bist okay. Und dein Leben ist es auch.

DIESE ERWARTUNGEN ...
... WERFE ICH HEUTE INS MEER

1. ....
....
....

2. ....
....
....

3. ....
....
....

Beziehungsweise – du und die anderen

FORDERE VIEL
VON DIR SELBST
UND ERWARTE WENIG
VON DEN ANDEREN.
SO WIRD DIR ÄRGER
ERSPART BLEIBEN.

Konfuzius

Ich werde
niemanden durch
meinen Geist
laufen lassen mit
seinen dreckigen
Füßen.

Mahatma Gandhi

Wenn du damit beginnst,
dich denen aufzuopfern,
die du liebst,
wirst du damit enden,
die zu hassen, denen du
dich aufgeopfert hast.

George Bernard Shaw

Meine Lieblingszitate
zu Beziehungen

Nicht dein Affe,
NICHT DEIN ZIRKUS

Lass die Probleme anderer Menschen, wo sie hingehören – bei ihnen

Leute, die uns von oben herab behandeln. Verletzende Worte, die uns Tage, Nächte, Wochen, Jahre lang nicht aus dem Kopf gehen. »Kollegen« mit Ellenbogen wie Macheten, gegen die kein Gras gewachsen scheint. Wege, die sich trennen, und wir bleiben nach langer gemeinsamer Zeit einsam zurück. Wie ein Gift breiten sich Gedanken wie diese in uns aus: Was habe ich falsch gemacht? Wie kann er oder sie mir das nur antun?

Wenn wir das Verhalten anderer Menschen nüchterner beurteilen lernen und nicht mehr so nah an uns heranlassen, wird nicht alles leicht, aber vieles leichter.

Folgende Gedanken können uns helfen:

Es hat nichts mit mir zu tun. Vielleicht ist dein Chef gerade so ausgerastet, weil er gestern zu früh nach

Hause kam und seine Frau mit dem Rohrverleger erwischt hat. Vielleicht hat dich die Frau eben angerempelt, weil sie in Gedanken bei der Nachricht ihres Arztes war, die wie eine Bombe in ihr Leben einschlug. Vielleicht hat deine Bekannte abgesagt, weil sie sich schämt für die zehn Kilo, die sie seit eurem letzten Treffen zugenommen hat.

Er tut es für sich, nicht gegen mich. Sogar dann, wenn es ganz persönlich gemeint zu sein scheint, ist das Reden oder Handeln anderer oft gänzlich ichbezogen. *Er* will sich überlegen fühlen, indem er dich beleidigt. *Sie* will es sich bequem machen oder mit einer Lüge *ihr* Ansehen schützen. *Er* will einen Vorteil für sich herausschlagen. Weil wir in unserem eigenen Leben die Hauptrolle spielen, überschätzen wir die Bedeutung, die wir im Leben der anderen spielen: eine Nebenrolle, wenn überhaupt.

Nicht mein Zirkus, nicht mein Affe. »Denen zeig ichs jetzt«, dachte sich ein 47-Jähriger aus Florida, als eine Gruppe Jugendlicher neben ihm parkte, die für seine Begriffe zu laut Musik hörte. Er griff ins Handschuhfach und schoss auf das Auto der Teenager. Zehnmal. Ein Toter, drei Verletzte. Jetzt sitzt der Täter im Knast, lebenslänglich plus 90 Jahre ohne Bewährung. Aber hey, immerhin hat er jemandem eine Lektion erteilt.

Ein extremes Beispiel, klar. Aber wer kennt nicht den Drang, einen anderen »in seine Schranken zu verweisen«, ihn »zur Vernunft zu bringen«? Daraus entsteht selten etwas Gutes. Wir müssen keine »fremden Affen« erziehen. Da mag einer noch so laut Musik hören oder am Bierautomaten randalieren. Das ist nicht unser Zirkus, nicht unser Problem.

Du machst was richtig, wenn du Kritiker und Neider hast

Unfaire Kritiker. Die Welt ist voll von ihnen. Überall, wo lebendiges Blut pulsiert, kommen sie aus ihrer Gruft gekrochen wie Vampire. Zähnefletschend, jeglichen Anstand vergessend. Bruce Lee brachte es auf den Punkt: »Wenn du kritisiert wirst, dann musst du irgendetwas richtig machen. Denn man greift nur denjenigen an, der den Ball hat.«

Wenn du angegriffen, beneidet wirst, heißt das vor allem: Du bist in der Arena. Du schaust nicht nur Daumen lutschend von den Rängen aus zu. Die Menschen, die dort sitzen, erinnerst du durch deine bloße Existenz daran, dass sie ihr Potenzial verschenken. Dass sie nicht Akteure ihres Lebens sind. Das macht sie wütend. Und das wollen sie an dir auslassen.

Ganz ehrlich, ich will am liebsten von jedem gemocht werden. Als Kind habe ich sogar mal einem anderen Jungen mein Süßigkeitengeld angeboten, damit er mich mochte (noch trauriger war nur, dass er es nicht angenommen hat). Als Erwachsener will und muss ich mich der Gefahr stellen, kritisiert und abgelehnt zu werden. Weil alles andere nur ein Leben im Schatten wäre, ein ausgebremstes Leben mit einem platten Reifen.

3 DINGE, ...
... DIE AB HEUTE NICHT MEHR MEIN PROBLEM SIND

1. ....
....
....

2. ....
....
....

3. ....
....
....

Nicht dein Affe, nicht dein Zirkus

TU, WAS SICH IN DEINEM HERZEN RICHTIG ANFÜHLT. KRITISIERT WIRST DU SO ODER SO.

Eleanor Roosevelt

Das Problem dieser Welt ist, dass die intelligenten Menschen so voller Selbstzweifel und die Dummen so voller Selbstvertrauen sind.

Charles Bukowski

Wir wissen nicht,
was andere Menschen
denken oder fühlen.
Wir interpretieren
ihr Verhalten und sind
dann wegen unserer
eigenen Gedanken
gekränkt oder wütend.

Unbekannt

Meine Lieblingszitate
zum Abgrenzen

Bei dir ankommen,
BEI DIR BLEIBEN

Du wirst nie glücklich sein, wenn du dies tust oder das besitzt

Hinter der nächsten Ecke wartet das Glück auf dich! Gib dich nicht zufrieden!« Zu diesem Denken wollen uns die Unternehmen mithilfe ihrer billiardenschweren Werbebudgets verführen. Uns Angestellte, die so angestrengt nach oben schielen, dass wir blind werden (»Schiel nicht, das bleibt noch stehen!«, hat meine Mutter früher gesagt). Uns Käufer von Scheiß, der ein Fitzelchen geiler ist als der Scheiß von gestern oder der Scheiß vom Nachbarn. Uns Menschen, die sich selbst einsperren lassen in Büros und überfüllte U-Bahnen und zum Platzen vollen Läden.

Das Gute ist: MEHR geht immer. Das Schlechte ist: MEHR hat kein Ende.

Du wirst nie ankommen, wenn du dein Glück immer hinter dem nächsten erreichten Ziel wähnst. Denn das Mehr, das Weiter, das Besser, das du suchst, verschiebt sich endlos, gnadenlos. Die Suche nach dem Mehr ist so unstillbar wie ein Baby ohne Mund. Bestimmt wirst du auf dem Weg dorthin Ziele erreichen. Wenn es gut läuft, sogar eins nach dem anderen. Aber irgendwann wirst du vielleicht zusammenbrechen, wie es heute vielen von uns ergeht. Ohne deinem Glück nur einen Schritt näher gekommen zu sein.

Ein fast vergessenes Wort

Es gibt da ein gutes Wort, das heute leider immer mehr in Vergessenheit gerät. Schleichend, unbemerkt verschwindet es wie die Vergangenheit eines Alzheimerpatienten.

Es ist ein Wort, das vom Aussterben bedroht ist wie so manche Tierart. Bedroht von Arbeitgebern, die uns immer mehr schuften sehen wollen; von Werbung und Hochglanzmagazinen und Fernsehsendungen, die uns einreden wollen, wir seien nichts wert ohne perfekte Figur. Ohne perfekte Frisur. Ohne perfekte Wohnung. Ohne exotische Reisen und ohne diesen gottverdammten neuen Staubsaugerroboter, der mit seinen 95 Programmen die Wände hochfahren und dabei noch das Wetter vorhersagen kann.

Es ist ein gutes Wort, das wir dringend wiederbeleben müssen, wenn wir freier atmen und leichter leben wollen. Es ist das Wort »genug«.

Warum versuchen wir, alles immer besser, schneller, toller zu machen – auch uns selbst? Nur weil es vielleicht, theoretisch möglich ist? Es ist auch möglich, im Kopfstand zu essen, Kamasutra zu praktizieren oder ein Lexikon auswendig zu lernen. Und trotzdem macht das (fast) keiner. Weil das Leben dadurch nicht wirklich besser wird.

Genug. Genug gearbeitet für heute. Genug Geld auf dem Konto, um heute glücklich zu sein. Genug erreicht. Ein Auto mit genug PS, ein Smartphone mit genug Speicherplatz und genug Freunde auf Facebook. Genug Freizeitaktivitäten und Reisen. Genug optimiert. Du brauchst nicht alles, was nur irgend möglich ist, aus dir und deinem Leben herauszuquetschen wie aus einer Zitrone. Genug minimiert. Du brauchst nicht magersüchtig mit dir und deinen Visionen umzugehen.

Du hast lange genug damit gewartet, dich auf deinen eigenen Weg zu machen. Genug fremde Erwartungen erfüllt. Bist über die Latte gesprungen, obwohl du lieber sitzen wolltest, gekrochen, während du eigentlich sprinten wolltest.

Es ist genug. Du bist genug.

Dein innerer Mönch ist immer da

Niemand kann uns retten, nichts kann uns glücklich machen, zumindest nicht dauerhaft, keine
Karriere, kein Urlaub, keine Beziehung, kein Buch;
keiner kann uns sagen, was richtig für uns ist und
was nicht ... außer wir selbst.

Gut, dass es in uns eine Quelle der Weisheit gibt,
die uns mit Zufriedenheit und Ruhe versorgen kann,
unser ganzes Leben lang.

Ob dich gerade Gefühle umhertreiben wie eine
Plastiktüte im Wind oder ob du dir über deinen
nächsten Schritt im Unklaren bist – dein innerer
Mönch ist immer da für dich. Am leichtesten auf-
suchen kannst du ihn so:

Nimm dir eine Minute Zeit für dich. Setz dich
bequem hin. Richte deine Aufmerksamkeit auf einen Anker. Das kann dein Atem sein. Oder die Vase
mit dem schönen Entenmuster. Oder entspan-
nende Musik. Wenn deine Gedanken abschweifen,
nimm es wahr und konzentriere dich wieder auf
den Anker. Und sie werden abschweifen. Immer
und immer wieder, zu dem Typen, der dich heute
so blöd angemacht hat. Zu den Aufgaben, die nach-
her noch auf dich warten. Keine Sorge, das ist ganz
normal. Lenke deine Aufmerksamkeit einfach im-

mer wieder sanft zurück, auf deine Atmung, zu dir. Lass die Welt draußen. In diesem Moment geht es nur um dich. Atme. Und wenn du ruhig genug geworden bist, hör zu, was dein Mönch dir sagen will.

AB HEUTE VERBINDE ICH MICH MIT MEINEM INNEREN MÖNCH, ...

... INDEM ICH IN DIESEN SITUATIONEN TÄGLICH KURZ INNEHALTE UND BEWUSST ATME

1. ....
....
....

2. ....
....
....

3. ....
....
....
....

(Zum Beispiel: an der Bushaltestelle, in der Supermarktschlange, beim Nasepudern ...)

Bei dir ankommen, bei dir bleiben

DIE GRÖßTEN EREIGNISSE, DAS SIND NICHT UNSERE LAUTESTEN, SONDERN UNSERE STILLSTEN STUNDEN.

Friedrich Wilhelm Nietzsche

Lass deinen Geist still werden
wie einen Teich im Wald.
Er soll klar werden
wie Wasser, das von den Bergen
fließt. Lass trübes Wasser
zur Ruhe kommen, dann wird
es klar werden, und lass deine
schweifenden Gedanken und
Wünsche zur Ruhe kommen.

Buddha

STREBE NACH RUHE,
ABER DURCH DAS
GLEICHGEWICHT, NICHT
DURCH DEN STILLSTAND
DEINER TÄTIGKEIT.

Friedrich von Schiller

Meine Lieblingszitate
zum Glücklichsein

» ...

Bildnachweis

S. 8 / 9 © *Warunya Ngamcharoen*, shutterstock.com | S. 20 / 21 © *FCSCAFEINE*, shutterstock.com | S. 32 / 33 © *everst*, shutterstock.com | S. 44 / 45 © *Rasica*, shutterstock.com | S. 54 / 55 © *KieferPix*, shutterstock.com | S. 66 / 67 © *Egor Fomin*, shutterstock.com | S. 78 / 79 © *Evgeny Atamanenko*, shutterstock.com | S. 90 / 91 © *vectorx2263*, shutterstock.com | S. 100 / 101 © *Antonio Guillem*, shutterstock.com | S. 112 / 113 © *savageultralight*, shutterstock.com | S. 122 / 123 © *Golf Photographer*, shutterstock.com | S. 132 / 133 © *DimonGi*, shutterstock.com

Zitatenachweis

S. 16: Harenberg. Lexikon der Sprichwörter und Zitate. Dortmund 1997, S. 1173 | S. 17: Duden Band 12 – Zitate und Aussprüche, 4. Aufl. Berlin 2017, S. 717 | S. 18: Sabine und Wolfram Schwieden: Astrid Lindgrens Schweden. Von Bullerbü zur Villa Kunterbunt. Bielefeld 2015 | S. 28: Charles Dickens; Harald Raykowski: Hunted down and other stories. Zur Strecke gebracht und andere Erzählungen. München 1979 | S. 29: Henry David Thoreau: Walden: der Traum vom einfachen Leben. Stuttgart 2017 | S. 41: Thukydides: Der Peloponnesische Krieg. Stuttgart 2004 | S. 42: Johann Wolfgang von Goethe: Wahlverwandtschaften. Stuttgart 2017 | S. 50: Joanne K. Rowling: Harry Potter und die Kammer des Schreckens. Hamburg 2000 | S. 51: Harenberg. Lexikon der Sprichwörter und Zitate. Dortmund 1997, S. 1055 | S. 63: Ralph Waldo Emerson: Neue Essays. Stuttgart: Abenheim 1876 | S. 64: Martin Luther King: Motivational speech (If you can't walk then crawl) | S. 75: Leanna Sain: Red Curtains. New York 2016 | S. 86: Harenberg. Lexikon der Sprichwörter und Zitate. Dortmund 1997, S. 739 | S. 87: Thich Nhat Hanh: You are here: discovering the magic of the present moment. Boston 2010 | S. 97: Lucius Annaeus Seneca: Philosophische Schriften. Bd. 3. Epistulae morales ad Lucilium I–LXIX. 2. Aufl. Darmstadt 2011 | S. 98: François de La Rochefoucauld: Maximen und Reflexionen. Stuttgart 2012 | S. 108: Oscar Wilde: De Profundis. Zürich 1994 | S. 110: Michels, Volker (Hrsg.): Hermann Hesse. Lektüre für Minuten. 35. Aufl. Frankfurt 1971 | S. 120: Duden Band 12 – Zitate und Aussprüche, 4. Aufl. Berlin 2017, S. 882 | S. 128: Robin Gerber: Leadership the Eleanor Roosevelt Way. Timeless Strategies from the First Lady of Courage. New York 2002 | S. 139: Friedrich Wilhelm Nietzsche: Werke. Kritische Gesamtausgabe. Hrsg. von Giorgio Colli und Mazzino Montinari. Bd. VI/I. Also sprach Zarathustra. Ein Buch für Alle und Keinen. Berlin 1968, S. 165 | S. 141: Friedrich Schiller: Über naive und sentimentalische Dichtung. Berlin 2016, S. 16

Impressum

Bibliografische Information der Deutschen Nationalbibliothek

Die Deutsche Nationalbibliothek verzeichnet diese Publikation in der Deutschen Nationalbibliografie; detaillierte bibliografische Daten sind im Internet über http://dnb.dnb.de abrufbar.

© Duden 2018   D C B A

Bibliographisches Institut GmbH
Mecklenburgische Straße 53
14197 Berlin

Redaktionelle Leitung Juliane von Laffert
Redaktion Ursula Thum, Text+Design Jutta Cram
Herstellung Maike Häßler
Layout und Satz Schimmelpenninck.Gestaltung, Berlin
Umschlaggestaltung Schimmelpenninck.Gestaltung, Berlin
Umschlagabbildung © Schimmelpenninck.Gestaltung, Berlin
Druck und Bindung CPI Books GmbH
Birkstraße 10, 25917 Leck
Printed in Germany

ISBN 978-3-411-74466-4
www.duden.de